SMOOTHIES
im Winter

kalt & warm!

Tanja Dusy

Fotos von Klaus-Maria Einwanger

EMF

EIN BUCH DER
EDITION MICHAEL FISCHER

IMPRESSUM

Bibliografische Information der Deutschen Bibliothek.

Die Deutsche Bibliothek verzeichnet diese Publikation in der deutschen Nationalbibliografie. Detaillierte bibliografische Daten sind im Internet über http://www.d-nb.de/ abrufbar.

EIN BUCH DER EDITION MICHAEL FISCHER

1. Auflage 2016

© 2016 Edition Michael Fischer GmbH, Igling

Covergestaltung, Illustrationen und Layout: Leeloo Molnár
Produktmanagement und Redaktion: Annika Christof
Fotos: Klaus-Maria Einwanger, Rosenheim

ISBN 978-3-86355-559-7

Printed in Slovakia

www.emf-verlag.de

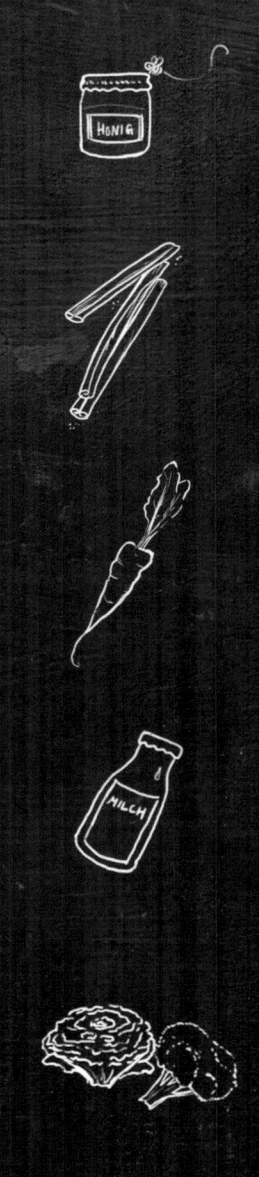

DIE GRUNDLAGEN

WINTERZEIT = SMOOTHIE-ZEIT

Braucht es denn wirklich extra Smoothie-Rezepte für die kalte Jahreszeit? Die eindeutige Antwort lautet: Ja! Denn gerade wenn es draußen friert und grau ist, können wir eine Portion Vitamine extra brauchen – da kommen die bunten Powerdrinks doch wie gerufen!

A SMOOTHIE A DAY

Wer will, kann natürlich nach wie vor auf den bewährten, täglichen Apfel setzen oder sich mit Vitaminpräparaten über die Schnupfenwellen hinweghelfen. Smoothies sind aber definitiv die abwechslungsreichere und natürliche Alternative: Rohkost zum Trinken, in der noch alle Vitalstoffe von Obst und Gemüse enthalten sind, die wir brauchen, um auch in der kalten Jahreszeit gesund zu bleiben. Und auch für die kleinen Pölsterchen von weihnachtlichen Schlemmereien sind sie das ideale Gegenmittel. Also am besten mit einem Smoothie in den Tag starten!

SAURE-GURKEN-ZEIT?

Klar, bei Smoothies denkt man eher an kühlende Drinks mit sonnenreifem Obst, Beeren oder frischen Kräutern bei den grünen Varianten. Die sind im Winter Mangelware. Sollten sie auch bleiben. Nicht nur wegen der miserablen Ökobilanz, die Importware aus aller Herren Länder mit im Gepäck hat. Durch extrem lange Transportwege und Lagerung büßen Obst und Gemüse einen Großteil ihrer gesunden Inhaltsstoffe ein. Und auch Treibhausware verfügt nachgewiesenermaßen über weniger Vitamine, Mineral- und sekundäre Pflanzenstoffe als Pflanzen, die bei Wind und Wetter unter freiem Himmel wachsen konnten. Daher sollte man bei der Wahl seiner Smoothie-Zutaten auch im Winter am besten der immer gültigen Devise folgen: lokal, saisonal und natürlich so frisch wie möglich.

SO SCHMECKT DER WINTER

Was bleibt denn da noch übrig fragt sich sicherlich der ein oder andere. Eine ganze Menge! Der Winter bietet eigene, tolle Zutaten, die für die nötige Abwechslung und jede Menge gesunden Genuss sorgen.

KOHL TUT WOHL

In den USA ist „Kale" ein Superstar. Kein Wunder, denn Grünkohl versorgt nicht nur Vegetarier mit reichlich Protein, Eisen und Kalzium, sondern ist auch ansonsten eine der nährstoffreichsten Gemüsesorten – wie viele andere Kohlsorten auch, die allesamt richtige Wintergemüse sind. Rotkohl empfiehlt sich also nicht nur zur Weihnachtsgans; in roher Form genügen schon 200 g davon, um den täglichen Vitamin-C-Bedarf zu decken – also ab damit in den coolen Smoothie, anstatt heiße Zitrone zu trinken. Kohl gibt es übrigens inzwischen in kleiner Menge praktisch geviertelt zu kaufen und Grünkohl im Bioladen in einzelnen zarten Blättern.

WINTERGRÜN

Frisches Blattgrün ist im Winter tatsächlich eher Mangelware. Aber ein paar äußerst gesunde Sorten gibt es dennoch: z. B. Winterspinat, der im Gegensatz zur sommerlichen Variante oft mit Wurzeln angeboten wird. Mit seinem kräftigen Geschmack entlohnt er für die Mühen beim Waschen und Verlesen. Richtige Wintersalate, die auch bei frostigen Temperaturen im Freiland überdauern, sind Feldsalat und Postelein (auch Winterportulak genannt). Beide enthalten reichlich Vitamin C und viele weitere Vitamine und Spurenelemente. Chicorée und Radicchio haben jetzt ebenfalls Hauptsaison. Sie sind ausgesprochen kalorienarm und ihre Bitterstoffe regen Magen und Darm an. Also die perfekte Gemüsegrundlage für Detox-Smoothies nach zu viel Plätzchen und verführerischem Marzipan. Zu bitter? Dann im Smoothie einfach mit süßem Obst kombinieren!

DIE GRUNDLAGEN

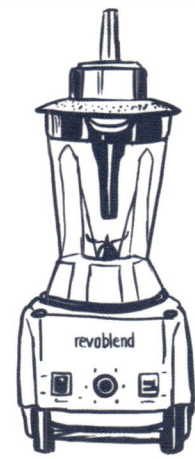

BACK TO THE ROOTS

So könnte das Wintermotto (nicht nur) für Smoothies lauten: Möhren, Sellerie, Pastinaken, Wurzelpetersilie und Topinambur – all diese Wurzeln und Knollen gibt es jetzt in Hülle und Fülle, auch preiswert im Supermarkt. Sie stecken voller gesunder Inhaltsstoffe und sind zusätzlich reich an Ballaststoffen, die richtig schön satt machen, ohne auf der Waage ins Gewicht zu fallen. Pastinaken sind in Sachen Smoothie die Entdeckung der Saison: Mit ihrem angenehm süßlichen Eigengeschmack vertragen sie sich auch mit Schoko, Nuss und Mandelkern und man braucht wenig andere Süßungsmittel. Wer allerdings mit Wurzelgemüse mixen will, sollte wie z. B. auch für Kürbis oder Kohl einen leistungsstarken Mixer (mit möglichst über 35.000 Umdrehungen) verwenden. Nicht nur, damit der Smoothie schön cremig wird: Nur so können alle Pflanzenzellwände restlos aufgebrochen und damit alle gesunden Nährstoffe vollständig freigesetzt werden.

NICHT NUR SAUER ...

Bei Obst muss man im Winter eher zu Importware oder Eingelagertem wie Äpfeln oder Birnen greifen. Dabei sollte am besten in den Mixer wandern, was im Herkunftsland frisch geerntet wird. Prima, dass Orange, Mandarine, Grapefruit und Co. jetzt Saison haben: Dank hohem Vitamin-C-Gehalt sind Zitrusfrüchte ein idealer Schutz gegen anstehende Grippe.

... SONDERN AUCH MAL EXOTISCH

Auf Banane, Mango, Ananas und Avocado lässt sich natürlich im Winter immer zurückgreifen: Sie sind das ganze Jahr über erhältlich und machen Smoothies cremig. Nicht vollständig aufgebrauchte Früchte kann man geschält, in Stücke geschnitten einfrieren und beim nächsten Smoothie gleich gefroren mitpürieren. Ein echtes „Superfood", das im Herbst und frühen Winter Erntezeit hat, sollte man unbedingt probieren: Granatäpfel sind in Sachen gesunde Inhaltsstoffe wahre Powerpakete.

MERRY SMOOTHIE!

Wenn die Adventszeit naht und das Thermometer unter null sinkt, ist einem oft eher nach Glühwein mit Stollen und Zimtsternen als nach grünen Rohkostdrinks. Aber wie wär's dann mal mit echt heißen Alternativen?

APFEL, NUSS UND MANDELKERN

Um Punsch, Plätzchen und andere Leckereien später nicht mit langweiligen Diäten büßen zu müssen, sollte man bei seinen Smoothies bleiben und sie einfach etwas weihnachtlicher „tunen": Darum passt z. B. zu winterlichem Obst und Gemüse nichts besser als Nüsse aller Art, auch in Form von Nussmilch. Das ergänzt die Gesunddrinks nicht nur um wertvolle ungesättigte Fette, sondern hilft unserem Körper, bestimmte Vitamine erst vollständig aufzunehmen. So schmecken Smoothies weihnachtlich und bleiben trotzdem gesund; genau wie mit gutem (Raw-) Kakao, Datteln oder etwas Honig.

DIE PRISE EXTRA

Was aber weder in der Weihnachtsbäckerei noch im Winter-Smoothie fehlen sollte, das sind Gewürze wie Vanille, Zimt, Nelken, Anis oder Ingwer. Sie geben nicht nur den Aromakick extra. Als natürliche Heilmittel sind sie in der Lage, unser Immunsystem und unsere Verdauung anzuregen, sorgen für ein wohliges Gefühl im Magen, wärmen von innen und heben unsere Stimmung an trüben Tagen. Es darf also ruhig eine Prise extra sein.

HEISS, HEISSER, WINTER-SMOOTHIE!

Wem Gewürze aber immer noch nicht genug einheizen, der kann einige Smoothies auch problemlos warm genießen: Dazu ist bei diesen Rezepten gleich mitangegeben, wie man sie „heiß" macht. Die kalten Tage können also kommen. Auf eine gesunde und vitaminreiche Zeit!

Oh Tannenbaum!

Der löffelt sich wie Eiscreme – nicht nur zur Sommer-
zeit, nein auch wenn's draußen friert und schneit:
Grünkohl und Cranberrys schützen dann mit Vitamin C
und anderen Vitalstoffen vor Grippe.

70 g Grünkohl

1 kleine gefrorene Banane

½ TL Spekulatius- oder Lebkuchengewürz

2 EL gefrorene Cranberrys + 1 EL zum Bestreuen

180 ml Kokos-Reis-Drink (möglichst in Eiswürfelform gefroren)

1 EL HONIG ODER AGAVENDICKSAFT

Kaffee war gestern – heute trinkt man Kurkuma Latte. Egal, ob heiß oder kalt, im Smoothie heizt die gesunde Knolle zusammen mit scharfem Ingwer mächtig ein – da wird's einem wohlig warm ums Herz ...

Yellow Star

1 TL Honig oder Ahornsirup

BANANE

250 ml Mandelmilch (kalt oder auch mal heiß)

1/3 TL ZIMTPULVER

1 STÜCK INGWER (10 g)

3 Messerspitzen GEMAHLENER KARDAMOM

2 FRISCHE KURKUMAWURZELN (15 G) ERSATZWEISE 1 TL KURKUMAPULVER

Zimtsternchen

Der verdient glatt drei Sterne und volle Punktezahl: ein Smoothie, der nicht nur wie flüssiger Rübli- kuchen schmeckt. Dank gesunder Gemüse-Nuss-Kombi macht er lange satt und richtig happy.

2 EL (20 g)

Haselnüsse

70 g
Pastinake

60 g

① Möhre

1 STÜCK
INGWER (5 G)

¾ TL
Zimtpulver

200 ML
(HASEL-)NUSSMILCH
(KALT ODER AUCH
MAL WARM)

NACH WUNSCH: 1 TL HONIG

½

Banane

13

Schneeflöckchen

Einfach zum Dahinschmelzen: Die Kombi aus exotischen Früchten und Kokos beamt dich auch im tiefsten Winter auf die Insel. Echt cool, der Smoothie lässt sich wie Eis löffeln!

KOKOSFLOCKEN UND ZIMT-PULVER ZUM BESTREUEN

150 ml Kokosmilch (im Eiswürfelbehälter tiefgefroren)

100 g tiefgefrorene Ananas

I große tiefgefrorene Banane

1 Stück Ingwer (5 g)

3 EL KOKOSFLOCKEN

1 EL Limettensaft

2 Msp. Zimtpulver

Grüner Engel

Mit diesem Drink im Glas braucht es keinen zusätzlichen Schutzengel – zumindest nicht gegen Schnupfenviren. Und die gute Kombi mit jeder Menge Vitamin C hilft, das im Spinat enthaltene Eisen optimal aufzuschließen.

40 g Grünkohl

EINE HALBE BANANE

1 ½ EL

ERDNUSSMUS

SAFT VON ½ GELBEN GRAPEFRUIT

1

2

MEDJØL-DATTELN

150 ml Wasser

30 g Wurzelspinat

SANTA CLAUS' MAGIC JUICE

Hoh hoh hoh – hier kommt ein Wunderelixier, das statt roter Schnupfennasen rosige Wangen zaubert: voller Vitamine und allem, was nicht nur Weihnachtsmänner fit durch die kalte Jahreszeit bringt.

100 g Ananas

je nachdem, wie scharf man's mag

15-20 g Ingwer

25 g Knollen-sellerie (geputzt)

1 ROTE BETE (90 G)

1 KLEINE MÖHRE (50 G)

200 ml Wasser

EIN HALBER APFEL (50 G)

1 TL KOKOS- ODER RAPSÖL

19

Rapunzelchen

Hafer, Feldsalat und Nüsse lassen nicht nur Haare glänzen, sondern sind in Verbindung mit schlankem Topinambur prima für die Figur. Täglich ein Glas davon, dann klappt's auch mit dem Prinzen.

2 **Topinambur-knollen**

(60 g)

1 SPRITZER ZITRONENSAFT

eine halbe große Birne

250 g *Hafermilch*

1 EL *Agaven-dicksaft*

(nach Wunsch)

50 g *feldsalat*

1 2 3 4 5 6

WALNUSSKERN-HÄLFTEN

Pumpkin Pie

Happy Halloween – aber bitte mit dem richtigen Drink:
Mit kalorienarmem Kürbis und vielen Gewürzen
schmeckt dieser Smoothie garantiert nicht gruselig,
sondern nach leckerem amerikanischem Kuchen.

Zimtpulver zum Bestreuen

5 G Ingwer

2 EL Honig oder Agaven- dicksaft

1 Prise geriebene MUSKATNUSS

1-2 TL Zimtpulver

3 Messerspitzen **gemahlene** Nelken

1 KLEINER APFEL (70 G)

150 g Hokkaidokürbis

× ohne Kerne,

ABER BITTE **mit** Schale

23

Lila Laune-macher

Rotkohl und Preiselbeeren nur als Beilage zu Gans und Klößen? Viel zu schade, ge-mixt mit einer weiteren Superbeere, hält dieser Smoothie gesund und schlank – da darf's dann auch mal ein Knödel mehr sein.

2 EL getrocknete Cranberrys

200 ml Wasser

100 g Rotkohl

150 g Ananas

2 EL
GETROCKNETE ARONIABEEREN
(IN 50 ML WASSER
EINGEWEICHT)

3 MSP.
GEMAHLENE
NELKEN

1-2 TL ZIMTPULVER

My Darling Clementine

Einfach nur blass und bitter? Von wegen – mit Kaki und saftigen Clementinen kann auch Chicorée plötzlich richtig attraktiv sein. Seine anregenden Bitterstoffe sind nämlich perfekt für den 1-a-Detox-Drink.

4 EISWÜRFEL

1 reife Kaki

3

getrocknete

Aprikosen

1

2

3

1

CHICORÉE (90 G)

1 Möhre

CLEMENTINEN

27

Pe-Pa-Po

Postelein oder Portulak – noch nie gehört? Sollte man aber. Denn obwohl das Kraut ganz zart wirkt, hat es bei frostigen Temperaturen Hauptsaison, liefert viel Vitamin C und hilft bei jeder Detox-Kur.

150 ml
Mandelmilch

½ Bund
Petersilie

1 kleine
AVOCADO

80 g
Pastinake

80 g Postelein

ein halber Apfel (ETWA 100 G)

29

White Christmas Dream

Ganz in Weiß zur Traum-figur: Topinambur und Petersilienwurzel sind kalorienarm und machen lange satt. Damit das Ganze nicht nach Salat schmeckt, versüßen Banane und Anis diesen Schlankdrink.

2 EL
Agavendicksaft
oder Reissirup

⅓ **TL**
gemahlener Anis

EINE HALBE GEFRORENE BANANE

EINE
Mandarine

80 G WURZELPETERSILIE

1

geschält

2

200 ml
Mandelmilch
(heiß oder kalt)

**TOPINAMBUR-
KNOLLEN (90G)**

Wer will:
abgeriebene Mandarinen-
schale zum Bestreuen

Merry, Merry!

Bitter macht lustig – und fit: Kräftiger Wintersalat in extravaganter Kombi mit süß-herbem Granatapfel und viel Vitamin-C-Orangen stärkt die Widerstandskräfte und gibt morgens genau den richtigen Kick.

150 g
Granatapfelkerne
(1 großer Granatapfel)

1 TL AHORNSIRUP
nach Belieben

1 MESSERSPITZE
GEMAHLENER
KARDAMOM

3 Blutorangen

150 g
Radicchio

33

NO-RED-NOSE ✓

Schnupfennase ade, denn hier steckt in allen Zutaten reich- lich Vitamin C. Abso- luter Spitzenreiter ist allerdings die tropische Acerolakirsche, die man sich im Winter ab und an gönnen sollte.

Saft von 6 Mandarinen
(ca. 180 ml)

½ Fenchelknolle
(80 g)

2 EL Sand-
dornmark
mit Honig

100 g gefrorenes
Acerolamark

NACH WUNSCH:
1 EL HONIG

35

GINGERBREADMAN

Kann denn Lebkuchen Sünde sein? Nicht, wenn er so anregend wärmend gewürzt und mit Melasse gesüßt ist. In Melasse stecken viel Eiweiß, Magnesium, Eisen und deutlich weniger Zucker als in anderen Sirups.

1 EL Chiasamen
zum Bestreuen

1 Messerspitze
gemahlene
Muskatnuss

1
BANANE

1 TL GEMAHLENER
INGWER ///////

1

2

3 Messerspitzen
Nelken

1 EL
MELASSE
///////

½ TL ZIMTPULVER

1 kleiner
APFEL
||||||||||||||

200 ml Mandelmilch
(kalt oder heiß)

Creamy Praliné

Nichts wärmt klamme Hände besser als eine Tüte heiße Maroni. Wer die leckeren Nussfrüchte nicht nur auf dem Weihnachtsmarkt genießen will, sollte sie einmal so probieren – fast so gut wie heiße Schokolade ...

250 g
Nussmilch
heiß oder kalt

Mark einer halben Vanilleschote

Für obendrauf:
100 ml Kokossahne
zum Aufschlagen
(z. B. Cocos Whip)

SCHALE
einer halben
BIO-ORANGE

½ reife
BIRNE
(ca. 90 g)

1 TL
Kakaopulver
(raw)

½ TL
Zimtpulver

1 EL
Honig

100 g gegarte Maronen (vakuumverpackt)

39

Frozen Egg-Nog

Grün war gestern – im Winter ist Weiß der letzte
Smoothie-Schrei: White Smoothies sind kleine Eiweiß-
Energie-Bomben, die ihre grünen Brüder ideal ergänzen –
und hier dank feiner Gewürze prima schmecken.

geriebene Muskatnuss
zum Darüberstreuen

1 GROSSE
GEFRORENE BANANE
(IN STÜCKEN)

150 ml Macadamia-
nuss-Milch (warm
oder kalt)

1/2 TL
Lebkuchengewürz

1 ganz frisches Ei
(Größe L)

Mark
von 1/2
Vanille-
schote

1 EL
KO-
KOS-
NUSS-
MUS

2 MESSER-
SPITZEN
GEMAHLENE
MUSKAT-
NUSS

MEDJOL-DATTELN

GELBER WICHTEL

Gelb, aber oho: ein kleines bisschen Wintergemüse im Glas kann Großes für die Abwehrkräfte leisten - nicht zuletzt in Kombi mit Mango. Die Tropenfrucht stärkt mit Vitamin C und Provitamin A das Immunsystem.

Mark von ½ Vanilleschote

1 KLEINE
GELBE BETE
(50 G)

1 kleine
STAUDE
Chicorée
(60 g)

eine halbe Mango

2 EL
AHORNSIRUP

250 ML
KOKOS-
DRINK

(100 g)

43

Schneewittchen

Wer möchte schon weiß wie Schnee sein? Für eine rosig gesunde Haut- farbe sorgen hier auf jeden Fall Möhre, Orange und Preiselbeere. Und wer reichlich davon trinkt, braucht auch keine Blasenentzün- dungen zu fürchten.

5 Eiswürfel

1 rote Möhre (80 g)

40 G

Saft von 1 Orange

1 Becher Kokosjoghurt (125 g) – unten ins Glas geben

— gefrorene —
PREISELBEEREN
— oder —
CRANBERRYS

1 KLEINE GEFRORENE BANANE (IN STÜCKEN)

2–3 EL Agavendicksaft

Mark von 1/3 Vanilleschote

Heißer Apfelstrudel

Da vermisst garantiert niemand die Vanillesoße. Wer will, verfeinert den herzerwärmenden Wintersmoothie mit ein bisschen Rum und/oder setzt ihm dann noch eine weiße Sahnehaube auf.

Zimtpulver
(zum Bestreuen)

100 g geschlagene Sahne
oder Kokossahne
(als Haube)

Rosinen

2 EL

220 ml Wasser

2 Äpfel (À CA. 150 G)

IN STÜCKE GESCHNITTEN

1-2 EL HONIG

6 HASELNÜSSE

1-2 EL RUM (NACH WUNSCH)

1 EL ZITRONENSAFT

½ TL ZIMT-PULVER

DAS ALLES ZUSAM-MEN IN 20-25 MIN. WEICH KOCHEN

ÜBER DIE AUTORIN

Tanja Dusy fühlt sich am wohlsten, wenn es in der Küche richtig rund geht. Viele Jahre lang arbeitete sie als Kochbuch-Redakteurin und konnte sich auch als Autorin einen Namen machen. Ihr Titel „Smoothie–Obst-Power im Glas" hat sich mittlerweile über 150.000-mal verkauft und gilt als Longseller unter den Smoothie-Büchern. Als Küchenprofi entwickelt Tanja Dusy Rezepte, die nicht nur verlässlich gelingen, sondern auch das besondere Etwas haben.

Der **Revoblend RB500** ist der Ferrari unter den Mixern und ideal geeignet für das Zubereiten von Raw-Food-Mahlzeiten und Smoothies. Der Sockel besteht aus hochwertigen Materialien und ist somit sehr belastbar, der Mixbehälter mit zwei Liter Fassungsvermögen ist garantiert bpa-frei, da er aus Tritan-Kunststoff gefertigt wurde. Mit seinen sechs Klingen mit Wellenschliff macht der Revoblend vor nichts halt: Jede Form von Obst, Gemüse, Blattgrün, ja sogar Kerne, Nüsse oder Getreide zerkleinert er zu einer cremigen Masse. Bei 38.000 Umdrehungen pro Minute bleiben aufgrund der kurzen Mixzeit alle wertvollen Nährstoffe erhalten. So ist auch die beliebte Mandelmilch im Handumdrehen selbst hergestellt und das widerspenstigste Kohlrabi-grün wird fix zum Green Smoothie gemixt.